Santa Cecília

José Carlos dos Santos (Frei Zeca)

Santa Cecília
Novena e história

Citações bíblicas: *Bíblia Sagrada* – tradução da CNBB, 2ª ed., 2002.

Editora responsável: Celina Weschenfelder
Equipe editorial

4ª edição – 2013
2ª reimpressão – 2019

Nenhuma parte desta obra poderá ser reproduzida ou transmitida por qualquer forma e/ou quaisquer meios (eletrônico ou mecânico, incluindo fotocópia e gravação) ou arquivada em qualquer sistema ou banco de dados sem permissão escrita da Editora. Direitos reservados.

Paulinas

Rua Dona Inácia Uchoa, 62
04110-020 – São Paulo – SP (Brasil)
Tel.: (11) 2125-3500
http://www.paulinas.com.br – editora@paulinas.com.br
Telemarketing e SAC: 0800-7010081

© Pia Sociedade Filhas de São Paulo – São Paulo, 2005

Introdução

Santa Cecília, a "padroeira dos músicos", como é conhecida, encarnou como ninguém na história da Igreja não apenas o ideal da virgindade, mas também o da vigilância cristã. Levava sempre em seu peito o Evangelho de Cristo e "cantava a Deus em seu coração". Foi essa referência ao canto que a tornou padroeira dos músicos.

Mais tarde, Santo Agostinho apresenta o significado de cantar a Deus com arte e júbilo. E o que é "cantar com júbilo"? É compreender que não se pode exprimir com palavras o que se canta com o coração. Assim, que o seu coração exulte sem palavras e que a imensa extensão do júbilo não tenha limites de sílabas.

Com o ideal da virgindade, Cecília se consagrou a Deus de corpo e mente, fazendo dele o único Senhor de sua vida. Pela vigilância cristã, cultivava a oração contínua na busca de rejeitar as obras das trevas e revestir-se das armas da luz. São ideais que não perderam nem perderão a validade, porque o cristão tem a missão de levar sempre o Evangelho no coração, como fez Santa Cecília. Isso faz dela uma santa cujos exemplo e mensagem de vida continuam atuais, especialmente em nosso mundo secularizado, para o qual a força de um coração puro é sempre um valor a se propor e exaltar.

PRIMEIRO DIA

Cecília, virgem e mártir

Um pouco de história

Santa Cecília pertencia à mais antiga nobreza romana. A seu respeito, a *Liturgia das Horas* diz que o culto a Santa Cecília, em honra da qual foi construída uma basílica em Roma no século V, difundiu-se por causa de sua paixão. Santa Cecília é exaltada como uma grande mulher cristã que, por amor a Cristo, professou a virgindade consagrada e sofreu o martírio.

De acordo com os costumes da época, não era necessário o consentimento da noiva para o casamento, e seu pai a casou com Valeriano.

Oração inicial

Ó Santa Cecília, nossa admirável padroeira, rogai a Deus por nós. Que nossa vida seja um hino de louvor e gratidão e que não percamos a pureza de coração a qual nos permite ver Deus em nós mesmos e nos irmãos. Obtende-nos dele a graça de que hoje tanto necessitamos (*fazer o pedido*).

Pai-Nosso, Salve-Rainha, Ave-Maria, Glória-ao-Pai.

Santa Cecília, rogai por nós.

Leitura bíblica

"Cantai ao Senhor um cântico novo, cantai ao Senhor, terra inteira. Cantai ao Senhor, bendizei o seu nome, anunciai dia após dia a sua salvação. Entre os povos narrai a sua glória, entre todas as nações dizei seus prodígios" (Sl 96[95],1-3).

Oração final

Ó Deus de amor, nós vos louvamos por nos terdes dado em Santa Cecília um exemplo admirável a ser imitado na observância da castidade e da vigilância cristã. Ela viveu com todas as forças as palavras do vosso amado Filho, Jesus: "Vigiai e orai, para não cairdes em tentação; pois o Espírito está pronto, mas a carne é fraca" (Mt 26,41). Que ela seja nossa intercessora junto a vós, para que possamos crescer na santidade pela prática do amor solidário.

Para refletir

"Olhar as coisas com os olhos de Deus: eis um segredo de felicidade."

(Tecla Merlo)

SEGUNDO DIA

Uma fé que vence e convence

Um pouco de história

Cecília tinha tal poder de persuasão que, apesar de ter se casado com o príncipe Valeriano, o fez compreender que pertencia inteiramente a Deus e que um anjo a guardava. Ele lhe prometeu que seguiria a sua fé se lhe fosse dado ver, com os próprios olhos, esse anjo admirável. E assim foi que, tendo a santa conseguido esse milagre, o nobre pagão se converteu à fé cristã da qual foi também glorioso mártir.

Oração inicial

Ó Santa Cecília, nossa admirável padroeira, rogai a Deus por nós. Que nossa vida seja um hino de louvor e gratidão e que não percamos a pureza de coração a qual nos permite ver Deus em nós mesmos e nos irmãos. Obtende-nos dele a graça de que hoje tanto necessitamos (*fazer o pedido*).

Pai-Nosso, Salve-Rainha, Ave-Maria, Glória-ao-Pai.

Santa Cecília, rogai por nós.

Leitura bíblica

"Este é o meu mandamento: amai-vos uns aos outros, assim como eu vos amei. Ninguém tem amor maior do que aquele que dá a vida por seus amigos. Vós sois meus amigos, se fizerdes o que eu vos mando" (Jo 15,12-14).

Oração final

Ó Deus de amor, nós vos louvamos por nos terdes dado em Santa Cecília um exemplo admirável a ser imitado na observância da castidade e da vigilância cristã.

Ela viveu com todas as forças as palavras do vosso amado Filho, Jesus: "Vigiai e orai, para não cairdes em tentação; pois o Espírito está pronto, mas a carne é fraca" (Mt 26,41). Que ela seja nossa intercessora junto a vós, para que possamos crescer na santidade pela prática do amor solidário.

Para refletir

"Quem tem o calor do amor de Deus, atrai para ele os irmãos."

(Tecla Merlo)

TERCEIRO DIA

Cecília se entrega
a um amor maior

Um pouco de história

Após revelar sua consagração a Deus, Cecília aconselhou o marido a visitar o Papa Urbano, que se havia refugiado nas catacumbas. Desse encontro, resultou a conversão do marido e de Tibúrcio, irmão dele. Nessa época, era proibido o sepultamento de cristãos em Roma, porém eles se dedicaram a sepultar os cadáveres de cristãos martirizados que encontravam. Em razão disso, foram levados a julgamento. Nessa ocasião, o imperador garantiu-lhes a liberdade caso adorassem o deus Júpiter. Diante de sua negação, foram torturados e decapitados numa região próxima a Roma.

Cecília recolheu os corpos de ambos e os sepultou na via Ápia. Não menosprezou o amor do esposo Valeriano e viu triunfar o amor maior para o qual ela se entregara totalmente, consagrando-lhe toda a existência.

Oração inicial

Ó Santa Cecília, nossa admirável padroeira, rogai a Deus por nós. Que nossa vida seja um hino de louvor e gratidão e que não percamos a pureza de coração a qual nos permite ver Deus em nós mesmos e nos irmãos. Obtende-nos dele a graça de que hoje tanto necessitamos (*fazer o pedido*).

Pai-Nosso, Salve-Rainha, Ave-Maria, Glória-ao-Pai.

Santa Cecília, rogai por nós.

Leitura bíblica

"Nisto meu Pai é glorificado: que deis muito fruto e vos torneis meus discípulos.

Como meu Pai me ama, assim também eu vos amo. Permanecei no meu amor" (Jo 15,8-9).

Oração final

Ó Deus de amor, nós vos louvamos por nos terdes dado em Santa Cecília um exemplo admirável a ser imitado na observância da castidade e da vigilância cristã. Ela viveu com todas as forças as palavras do vosso amado Filho, Jesus: "Vigiai e orai, para não cairdes em tentação; pois o Espírito está pronto, mas a carne é fraca" (Mt 26,41). Que ela seja nossa intercessora junto a vós, para que possamos crescer na santidade pela prática do amor solidário.

Para refletir

"Deus pode dar-nos os recursos interiores e necessários para enfrentar as tempestades e os problemas da vida."

(Martin Luther King)

QUARTO DIA

O martírio:
amor até as últimas
consequências

Um pouco de história

Como também se negara a adorar outros deuses e preferido a morte à renúncia ao cristianismo, Cecília foi presa por ordem do imperador Severo e condenada a ser decapitada. Porém, por três vezes, a lâmina caiu sobre sua cabeça, sem que esta se soltasse do corpo. O milagre se deveu ao fato de Cecília ter pedido a Deus a graça de ver mais uma vez o Papa Urbano. Três dias depois, quando ele chegou ao cárcere e a abençoou, ela faleceu devido aos ferimentos no pescoço.

Oração inicial

Ó Santa Cecília, nossa admirável padroeira, rogai a Deus por nós. Que nossa vida seja um hino de louvor e gratidão e que não percamos a pureza de coração a qual nos permite ver Deus em nós mesmos e nos irmãos. Obtende-nos dele a graça de que hoje tanto necessitamos (*fazer o pedido*).

Pai-Nosso, Salve-Rainha, Ave-Maria, Glória-ao-Pai.

Santa Cecília, rogai por nós.

Leitura bíblica

"Então Jesus disse aos discípulos: 'Se alguém quer vir após mim, renuncie a si mesmo, tome sua cruz e siga-me. Pois quem quiser salvar sua vida a perderá; e quem perder sua vida por causa de mim a encontrará'" (Mt 16,24-25).

Oração final

Ó Deus de amor, nós vos louvamos por nos terdes dado em Santa Cecília um exemplo admirável a ser imitado na observância da castidade e da vigilância cristã. Ela viveu com todas as forças as palavras do vosso amado Filho, Jesus: "Vigiai e orai, para não cairdes em tentação; pois o Espírito está pronto, mas a carne é fraca" (Mt 26,41). Que ela seja nossa intercessora junto a vós, para que possamos crescer na santidade pela prática do amor solidário.

Para refletir

"Obra importante é começar a conversão do mundo por nossa própria conversão."

(Martin Luther King)

QUINTO DIA

Padroeira dos músicos

Um pouco de história

Provavelmente, a degolação de Santa Cecília ocorreu em Roma, em 223. Filha de pais nobres, recebeu uma educação aprimorada, em que a prática da música e da poesia lhe era familiar. Nada, porém, do que se sabe sobre a sua vida nos leva a presumir que a mártir tivesse destaque na música. Há apenas no ofício da santa uma antífona que se refere a instrumentos musicais e cânticos. Possivelmente, tocasse algum instrumento, talvez harpa, saltério ou cítara, que serviria para acompanhar seus piedosos cantares a Deus, a quem consagrara sua vida e todo seu ser.

Oração inicial

Ó Santa Cecília, nossa admirável padroeira, rogai a Deus por nós. Que nossa vida seja um hino de louvor e gratidão e que não percamos a pureza de coração a qual nos permite ver Deus em nós mesmos e nos irmãos. Obtende-nos dele a graça de que hoje tanto necessitamos (*fazer o pedido*).

Pai-Nosso, Salve-Rainha, Ave-Maria, Glória-ao-Pai.

Santa Cecília, rogai por nós.

Leitura bíblica

"Cantai ao Senhor um cântico novo, pois ele fez maravilhas. Deu-lhe vitória sua mão direita e seu braço santo. O Senhor manifestou sua salvação, aos olhos dos povos revelou sua justiça" (Sl 98[97],1-2).

Oração final

Ó Deus de amor, nós vos louvamos por nos terdes dado em Santa Cecília um exemplo admirável a ser imitado na observância da castidade e da vigilância cristã. Ela viveu com todas as forças as palavras do vosso amado Filho, Jesus: "Vigiai e orai, para não cairdes em tentação; pois o Espírito está pronto, mas a carne é fraca" (Mt 26,41). Que ela seja nossa intercessora junto a vós, para que possamos crescer na santidade pela prática do amor solidário.

Para refletir

"Nada mais belo na vida que acender nas almas a luz da alegria."

(Senceris)

SEXTO DIA

Um canto à castidade

Um pouco de história

Segundo uma antiga tradição, Santa Cecília cantou para Valeriano a beleza da castidade e o fez de modo tão eficaz que ele decidiu respeitar esse voto. Talvez por isso é que ela seja invocada como padroeira da música e do canto.

O certo é que os músicos a adotaram como protetora. Nos primeiros séculos do cristianismo, ela se impôs à veneração daqueles que a conheceram e dela se aproximaram. Muitas associações e a classe dos músicos se organizaram no mundo católico sob a égide protetora de Santa Cecília.

Oração inicial

Ó Santa Cecília, nossa admirável padroeira, rogai a Deus por nós. Que nossa vida seja um hino de louvor e gratidão e que não percamos a pureza de coração a qual nos permite ver Deus em nós mesmos e nos irmãos. Obtende-nos dele a graça de que hoje tanto necessitamos (*fazer o pedido*).

Pai-Nosso, Salve-Rainha, Ave-Maria, Glória-ao-Pai.

Santa Cecília, rogai por nós.

Leitura bíblica

"Eu vos exorto: deixai-vos sempre guiar pelo Espírito, e nunca satisfaçais o que deseja uma vida carnal. Pois o que a carne deseja é contra o Espírito, e o que o Espírito deseja é contra a carne: são o oposto um do outro, e por isso nem sempre fazeis o que gostaríeis de fazer" (Gl 5,16).

Oração final

Ó Deus de amor, nós vos louvamos por nos terdes dado em santa Cecília um exemplo admirável a ser imitado na observância da castidade e da vigilância cristã. Ela viveu com todas as forças as palavras do vosso amado Filho, Jesus: "Vigiai e orai, para não cairdes em tentação; pois o Espírito está pronto, mas a carne é fraca" (Mt 26,41). Que ela seja nossa intercessora junto a vós, para que possamos crescer na santidade pela prática do amor solidário.

Para refletir

"Um dia sem oração é como um céu sem sol e um jardim sem flores."

(João XXIII)

SÉTIMO DIA

Cecília: uma existência inspiradora

Um pouco de história

Os mais célebres pintores e escultores procuraram dar a Santa Cecília a figura de artista, que a tradição lhe atribui. Uns a imaginaram cantando ou tocando harpa, cítara, rabecão. Outros se limitaram a dar-lhe a pureza de linhas no rosto virginal, empunhando a palma simbólica do martírio, num fundo de emblemas musicais. O italiano Carlo Moderno (séc. XVI-XVII) esculpiu a famosa estátua da santa, caída e com o pescoço parcialmente cortado. Na festa anual, em sua homenagem – 22 de novembro –, que durante muito tempo se realizou em Paris, era de praxe estrear uma missa, composta especialmente para o evento por um músico famoso como Haendel, Clark, Gounoud, Sains-Saëns, Purcell. Entre os contemporâneos, o inglês Benjamim Britten escreveu uma "Ode a Santa Cecília".

Oração inicial

Ó Santa Cecília, nossa admirável padroeira, rogai a Deus por nós. Que nossa vida seja um hino de louvor e gratidão e que não percamos a pureza de coração a qual nos permite ver Deus em nós mesmos e nos irmãos. Obtende-nos dele a graça de que hoje tanto necessitamos (*fazer o pedido*).

Pai-Nosso, Salve-Rainha, Ave-Maria, Glória-ao-Pai.

Santa Cecília, rogai por nós.

Leitura bíblica

"Sabeis em que momento estamos: já é hora de despertardes do sono. Agora, a salvação está mais perto de nós do que quando abraçamos a fé. A noite está quase passando, o dia vem chegando: abandonemos as obras das trevas e vistamos as armas da luz" (Rm 13,11-12).

Oração final

Ó Deus de amor, nós vos louvamos por nos terdes dado em Santa Cecília um exemplo admirável a ser imitado na observância da castidade e da vigilância cristã. Ela viveu com todas as forças as palavras do vosso amado Filho, Jesus: "Vigiai e orai, para não cairdes em tentação; pois o Espírito está pronto, mas a carne é fraca" (Mt 26,41). Que ela seja nossa intercessora junto a vós, para que possamos crescer na santidade pela prática do amor solidário.

Para refletir

"O Senhor disse a Josué: 'Não temas nem te acovardes. Toma contigo todos os guerreiros, levanta-te e sobe a Hai! Vê, estou entregando em tua mão o rei de Hai, junto com o povo, a cidade e a terra. Trata a cidade e o rei conforme trataste Jericó e seu rei'" (Js 8,1-2a).

OITAVO DIA

O culto a Santa Cecília

Um pouco de história

Santa Cecília foi uma das santas mais veneradas durante a Idade Média e teve seu nome incluído no cânone da missa. Entre as santas, é a que tem maior número de basílicas em Roma. A nenhuma outra santa a cristandade consagrou tantas igrejas quanto a ela.

Oração inicial

Ó Santa Cecília, nossa admirável padroeira, rogai a Deus por nós. Que nossa vida seja um hino de louvor e gratidão e que não percamos a pureza de coração a qual nos permite ver Deus em nós mesmos e nos irmãos. Obtende-nos dele a graça de que hoje tanto necessitamos (*fazer o pedido*).

Pai-Nosso, Salve-Rainha, Ave-Maria, Glória-ao-Pai.

Santa Cecília, rogai por nós.

Leitura bíblica

"Caríssimos, não estranheis o fogo da provocação que lavra entre nós, como se alguma coisa de estranho vos estivesse acontecendo. Pelo contrário, alegrai-vos por participar dos sofrimentos de Cristo, para que possais exultar de alegria quando se revelar a sua glória" (1Pd 4,12-13).

Oração final

Ó Deus de amor, nós vos louvamos por nos terdes dado em Santa Cecília um exemplo admirável a ser imitado na observância da castidade e da vigilância cristã. Ela viveu com todas as forças as palavras do vosso amado Filho, Jesus: "Vigiai e orai, para não cairdes em tentação; pois o Espírito está pronto, mas a carne é fraca" (Mt 26,41). Que ela seja nossa intercessora junto a vós, para que possamos crescer na santidade pela prática do amor solidário.

Para refletir

"Ler o Evangelho com espírito de fé e humildade é beber em sua fonte a força onipotente de Deus."

(Dom Duarte Leopoldo)

NONO DIA
Santa Cecília
no Brasil

Um pouco de história

Em 1860, por meio de um abaixo-assinado, a população paulista conseguiu seu objetivo: a construção da Igreja Santa Cecília. Em 1861, os devotos construíram a capela. A atual igreja, edificada no início do século XX no bairro Santa Cecília, em São Paulo, é decorada com telas de Benedito Calixto e de Oscar Pereira da Silva, reproduzindo o batismo de Valeriano, marido de Santa Cecília, os seus esponsais, a imposição das mãos de Santo Urbano em Santa Cecília, o julgamento, o martírio e o túmulo – motivos inspirados na vida da padroeira dos músicos.

Oração inicial

Ó Santa Cecília, nossa admirável padroeira, rogai a Deus por nós. Que nossa vida seja um hino de louvor e gratidão e que não percamos a pureza de coração a qual nos permite ver Deus em nós mesmos e nos irmãos. Obtende-nos dele a graça de que hoje tanto necessitamos (*fazer o pedido*).

Pai-Nosso, Salve-Rainha, Ave-Maria, Glória-ao-Pai.

Santa Cecília, rogai por nós.

Leitura bíblica

"Quem nos separará do amor de Cristo? Tribulação, angústia, perseguição, fome, nudez, perigo, espada? Pois está escrito: 'Por tua causa somos entregues à morte, o dia todo; fomos tidos como ovelhas destinadas ao matadouro'. Mas, em tudo isso, somos mais que vencedores, graças àquele que nos amou" (Rm 8,35-37).

Oração final

Ó Deus de amor, nós vos louvamos por nos terdes dado em Santa Cecília um exemplo admirável a ser imitado na observância da castidade e da vigilância cristã. Ela viveu com todas as forças as palavras do vosso amado Filho, Jesus: "Vigiai e orai, para não cairdes em tentação; pois o Espírito está pronto, mas a carne é fraca" (Mt 26,41). Que ela seja nossa intercessora junto a vós, para que possamos crescer na santidade pela prática do amor solidário.

Para refletir

"Ter medo de amar é ter medo da vida, e os que temem a vida já estão em boa parte mortos."

(Autor desconhecido)

Tu que estás protegido...
Salmo 91(90)

Tu que estás sob a proteção do Altíssimo
e moras à sombra do Onipotente,
dize ao Senhor: "Meu refúgio, minha
fortaleza, meu Deus, em quem confio".
Ele te livrará do laço do caçador,
da peste funesta;
ele te cobrirá com suas penas,
sob suas asas encontrarás refúgio.
Sua fidelidade te servirá
de escudo e couraça.
Não temerás os terrores da noite
nem a flecha que voa de dia,
nem a peste que vagueia nas trevas,
nem a epidemia que devasta ao meio-dia.
Cairão mil ao teu lado
e dez mil à tua direita;
mas nada te poderá atingir.

Basta que olhes com teus olhos,
verás o castigo dos ímpios.
Pois teu refúgio é o Senhor;
fizeste do Altíssimo tua morada.
Não poderá te fazer mal a desgraça,
nenhuma praga cairá sobre tua tenda.
Pois ele dará ordem a seus anjos
para te guardarem em todos
os teus passos.
Em suas mãos te levarão para que teu pé
não tropece em nenhuma pedra.
Caminharás sobre a cobra e a víbora,
pisarás sobre leões e dragões.
"Eu o salvarei, porque a mim se confiou;
eu o exaltarei, pois conhece meu nome.
Ele me invocará, e lhe darei resposta;
perto dele estarei na desgraça,
vou salvá-lo e torná-lo glorioso.
Vou saciá-lo com longos dias
e lhe mostrarei minha salvação".

NOSSAS DEVOÇÕES
(Origem das novenas)

De onde vem a prática católica das novenas? Entre outras, podemos dar duas respostas: uma histórica, outra alegórica.

Historicamente, na Bíblia, no início do livro dos Atos dos Apóstolos, lê-se que, passados quarenta dias de sua morte na Cruz e de sua ressurreição, Jesus subiu aos céus, prometendo aos discípulos que enviaria o Espírito Santo, que lhes foi comunicado no dia de Pentecostes.

Entre a ascensão de Jesus ao céu e a descida do Espírito Santo, passaram-se nove dias. A comunidade cristã ficou reunida em torno de Maria, de algumas mulheres e dos apóstolos. Foi a primeira novena cristã. Hoje, ainda a repetimos todos os anos, orando, de modo especial, pela unidade dos cristãos. É o padrão de todas as outras novenas.

A novena é uma série de nove dias seguidos em que louvamos a Deus por suas maravilhas, em particular, pelos santos, por cuja intercessão nos são distribuídos tantos dons.

Alegoricamente, a novena é antes de tudo um ato de louvor ao Pai, ao Filho e ao Espírito Santo, Deus três vezes Santo. Três é número perfeito. Três vezes três, nove. A novena é louvor perfeito à Trindade. A prática de nove dias de oração, louvor e súplica confirma de maneira extraordinária nossa fé em Deus que nos salva, por intermédio de Jesus, de Maria e dos santos.

O Concílio Vaticano II afirma: "Assim como a comunhão cristã entre os que caminham na terra nos aproxima mais de Cristo, também o convívio com os santos nos une a Cristo, fonte e cabeça de que provêm todas as graças e a própria vida do povo de Deus" (*Lumen Gentium*, 50).

Nossas Devoções procura alimentar o convívio com Jesus, Maria e os santos, para nos tornarmos cada dia mais próximos de Cristo, que nos enriquece com os dons do Espírito e com todas as graças de que necessitamos.

Francisco Catão

Coleção Nossas Devoções

- *Dulce dos Pobres: novena e biografia* – Marina Mendonça
- *Francisco de Paula Victor: história e novena* – Aparecida Matilde Alves
- *Frei Galvão: novena e história* – Pe. Paulo Saraiva
- *Imaculada Conceição* – Francisco Catão
- *Jesus, Senhor da vida: dezoito orações de cura* – Francisco Catão
- *João Paulo II: novena, história e orações* – Aparecida Matilde Alves
- *João XXIII: biografia e novena* – Marina Mendonça
- *Maria, Mãe de Jesus e Mãe da Humanidade: novena e coroação de Nossa Senhora* – Aparecida Matilde Alves
- *Menino Jesus de Praga: história e novena* – Giovanni Marques Santos
- *Nhá Chica: Bem-aventurada Francisca de Paula de Jesus* – Aparecida Matilde Alves
- *Nossa Senhora Aparecida: história e novena* – Maria Belém
- *Nossa Senhora da Cabeça: história e novena* – Mario Basacchi
- *Nossa Senhora da Luz: novena e história* – Maria Belém
- *Nossa Senhora da Penha: novena e história* – Maria Belém
- *Nossa Senhora da Salete: história e novena* – Aparecida Matilde Alves
- *Nossa Senhora das Graças ou Medalha Milagrosa: novena e origem da devoção* – Mario Basacchi
- *Nossa Senhora de Caravaggio: história e novena* – Leomar A. Brustolin e Volmir Comparin
- *Nossa Senhora de Fátima: novena* – Tarcila Tommasi
- *Nossa Senhora de Guadalupe: novena e história das aparições a São Juan Diego* – Maria Belém
- *Nossa Senhora de Nazaré: novena e história* – Maria Belém
- *Nossa Senhora Desatadora dos Nós: história e novena* – Frei Zeca
- *Nossa Senhora do Bom Parto: novena e reflexões bíblicas* – Mario Basacchi
- *Nossa Senhora do Carmo: novena e história* – Maria Belém
- *Nossa Senhora do Desterro: história e novena* – Celina Helena Weschenfelder
- *Nossa Senhora do Perpétuo Socorro: história e novena* – Mario Basacchi
- *Nossa Senhora Rainha da Paz: história e novena* – Celina Helena Weschenfelder
- *Novena à Divina Misericórdia* – Tarcila Tommasi

- *Novena das Rosas: história e novena de Santa Teresinha do Menino Jesus* – Aparecida Matilde Alves
- *Novena em honra ao Senhor Bom Jesus* – José Ricardo Zonta
- *Ofício da Imaculada Conceição: orações, hinos e reflexões* – Cristóvão Dworak
- *Orações do cristão: preces diárias* – Celina Helena Weschenfelder
- *Os Anjos de Deus: novena* – Francisco Catão
- *Padre Pio: novena e história* – Maria Belém
- *Paulo, homem de Deus: novena de São Paulo Apóstolo* – Francisco Catão
- *Reunidos pela força do Espírito Santo: novena de Pentecostes* – Tarcila Tommasi
- *Rosário dos enfermos* – Aparecida Matilde Alves
- *Rosário por uma transformação espiritual e psicológica* – Gustavo E. Jamut
- *Sagrada Face: história, novena e devocionário* – Giovanni Marques Santos
- *Sagrada Família: novena* – Pe. Paulo Saraiva
- *Sant'Ana: novena e história* – Maria Belém
- *Santa Cecília: novena e história* – Frei Zeca
- *Santa Edwiges: novena e biografia* – J. Alves
- *Santa Filomena: história e novena* – Mario Basacchi
- *Santa Gemma Galgani: história e novena* – José Ricardo Zonta
- *Santa Joana d'Arc: novena e biografia* – Francisco de Castro
- *Santa Luzia: novena e biografia* – J. Alves
- *Santa Maria Goretti: história e novena* – José Ricardo Zonta
- *Santa Paulina: novena e biografia* – J. Alves
- *Santa Rita de Cássia: novena e biografia* – J. Alves
- *Santa Teresa de Calcutá: biografia e novena* – Celina Helena Weschenfelder
- *Santa Teresinha do Menino: novena e biografia* – Jesus Mario Basacchi
- *Santo Afonso de Ligório: novena e biografia* – Mario Basacchi
- *Santo Antônio: novena, trezena e responsório* – Mario Basacchi
- *Santo Expedito: novena e dados biográficos* – Francisco Catão
- *Santo Onofre: história e novena* – Tarcila Tommasi
- *São Benedito: novena e biografia* – J. Alves

- *São Bento: história e novena* – Francisco Catão
- *São Brás: história e novena* – Celina Helena Weschenfelder
- *São Cosme e São Damião: biografia e novena* – Mario Basacchi
- *São Cristóvão: história e novena* – Mário José Neto
- *São Francisco de Assis: novena e biografia* – Mario Basacchi
- *São Francisco Xavier: novena e biografia* – Gabriel Guarnieri
- *São Geraldo Majela: novena e biografia* – J. Alves
- *São Guido Maria Conforti: novena e biografia* – Gabriel Guarnieri
- *São José: história e novena* – Aparecida Matilde Alves
- *São Judas Tadeu: história e novena* – Maria Belém
- *São Marcelino Champagnat: novena e biografia* – Ir. Egídio Luiz Setti
- *São Miguel Arcanjo: novena* – Francisco Catão
- *São Pedro, Apóstolo: novena e biografia* – Maria Belém
- *São Peregrino Laziosi* – Tarcila Tommasi
- *São Roque: novena e biografia* – Roseane Gomes Barbosa
- *São Sebastião: novena e biografia* – Mario Basacchi
- *São Tarcísio: novena e biografia* – Frei Zeca
- *São Vito, mártir: história e novena* – Mario Basacchi
- *Senhora da Piedade: setenário das dores de Maria* – Aparecida Matilde Alves
- *Tiago Alberione: novena e biografia* – Maria Belém